EDICIONES ANTÍGONA

# Teatro

EDICIONES ANTÍGONA

Primera edición, 2024

Directora de la colección: Conchita Piña
Diseño de cubiertas: IJdesign
Director editorial: Isaac Juncos Cianca

ISBN: 978-84-10060-21-0
Depósito legal: M-14045-2024

Impreso en España / Printed in Spain

CARLOS ATANES

# ANTIMATERIA

PRÓLOGO DE JUAN JOSÉ AFONSO

# ÍNDICE

# PRÓLOGO

Para mí hablar de la obra dramática de Carlos Atanes me supone no dejarme llevar por la gran admiración que siento por su literatura, por su mundo creativo, por su pasión por la lectura y por todo aquello que en la actualidad suena como de otra época... reflexión, observación del mundo lejos de lo mediático, análisis de la condición humana... Carlos Atanes es, sin duda, un autor «singular», comprometido con el valor de la palabra, con el debate, con la reflexión y sin embargo todos sus textos están impregnados de un gran sentido del humor del que no se escapa ni la más cruel de sus escenas.

Pudiera parecer, no obstante, que nos encontramos ante eruditos e indescifrables textos dirigidos a intelectuales, pero es exactamente lo contrario. El dramaturgo con una delicadamente cuidada prosa consigue que tensión dramática y humor cabalguen juntos, atrapando al lector/espectador hasta el último instante.

Su estilo personal e inalienable alejado de la ola de vulgaridad que lo invade todo, logra llevarnos a través de situaciones de la vida cotidiana a mundos más profundos del pensamiento con un lenguaje propio de los clásicos.

Para conocer mejor la obra de Carlos, propongo hacer un repaso por varios de sus textos teatrales, algunos de las cuales he tenido el placer de llevar a escena, particularmente: *El hombre de la pistola de nata*, *Rey de Marte* y sin duda la que prologo hoy: *Antimateria*.

*Antimateria* profundiza en la posibilidad de que alguien con quien has tenido alguna ligera o ninguna conversación, llegue a conocer asuntos de tu vida al detalle. Que pueda tener datos comprometedores mezclando verdad y mentira con insultante indiferencia. Que esos datos sean utilizados en tu contra, expuestos públicamente sin tu consentimiento, sin ninguna posibilidad de defensa, sin juicio… ante la voracidad depredadora de una sociedad cada vez más educadamente cruel y justiciera.

Un viejo erudito profesor que lleva una vida monacal centrada en sus inquietudes intelectuales y en los más aburridos asuntos de una intrascendente vida cotidiana, recibe la visita de un joven imberbe, un estudiante admirador de su obra que quiere aprenderlo todo del maestro. Un ser aparentemente insignificante a los ojos del viejo profesor, al que colmará de halagos y servidumbres, estableciéndose una relación simbiótica. En un instante inesperado la casi bucólica relación cambia y se convierte en una escalada dialéctica de confrontación que nos llevará a un mundo de conquista de poder intelectual, despotismo y violencia mortal.

Con este *thriller* de apariencia cotidiana el autor nos cuenta una historia sórdida que nos hará reflexionar sobre el poder de la utilización de la información para la destrucción de las personas, sin atender a la verdad, sin escrúpulos y lo que es más inquietante… sólo por el puro placer de manipular ejerciendo el poder de forma cruenta y autócrata.

Conocer el mundo creativo de Carlos Atanes es una experiencia enriquecedora a la que invito al lector inquieto, porque será sorprendido por nuevos episodios sobre los intrincados vericuetos de la condición humana, entrelazados con un humor delicado a la vez que oscuro y que siempre invita a la reflexión.

Un autor para ser leído y representado por su calidad literaria, su conocimiento de la «carpintería teatral», de los clásicos y por su afilada mirada sobre el hombre y la contemporaneidad.

Juan José Afonso
Director de escena
Madrid a 14 de marzo de 2024

# DRAMATIS PERSONAE

PROFESOR, *ha superado la sesentena*

RAMÍREZ, *joven estudiante*

*El PROFESOR, maduro hombre de letras, está en la cocina de su casa exprimiendo fruta. Viste informal pero elegante (cárdigan de punto, pañuelo anudado alrededor del cuello). Cuando el zumo está listo extrae una pastilla del blíster que guarda en un cajón. Se la toma junto a la mitad del zumo.*

*Con el vaso aún en la mano se acerca a una mesa cubierta por un caos de papeles y libros abiertos, algunos profusamente ilustrados. Coge unos folios y se pone las gafas (que estaban encima de la mesa) para leerlos. Sin apartar la vista de ellos se repantiga en una silla y, con el codo apoyado en la mesa, va corrigiendo sus notas con un bolígrafo.*

*RAMÍREZ, joven, entra en el despacho después de golpear tímidamente la puerta con los nudillos. Sus manos ocultan algo en la espalda. Se mantiene de pie, en silencio, observando al PROFESOR. Este sigue concentrado en su tarea hasta que, transcurrido un rato, gira la vista hacia el joven. Le mira por encima de las gafas, esperando que diga algo.*

PROFESOR
  ¿Qué te pasa, Ramírez?

RAMÍREZ
  No quería interrumpirle.

PROFESOR
  Ya lo has hecho.

RAMÍREZ
  He terminado. Su despacho está en orden.

**PROFESOR**
Muy bien.

*El PROFESOR regresa a sus correcciones.*

**RAMÍREZ**
He dejado unos cuadernos encima del escritorio, no sabía dónde ponerlos. Pensé que preferiría revisarlos usted mismo. Son notas manuscritas, difíciles de asignar a un archivo específico.

**PROFESOR**
No te preocupes.

*Durante unos segundos solo se oye el bolígrafo del PROFESOR raspando el papel. Tacha una frase y anota algo al margen. Al reparar en que RAMÍREZ aún sigue ahí, el PROFESOR detiene su escritura y vuelve a atisbarle por encima de las gafas.*

**PROFESOR**
Yo me encargo. Está bien.

*Transcurren unos segundos en silencio.*

**PROFESOR**
Padezco insomnio. No he pegado ojo en toda la noche. Si te quedas ahí quieto como una cariátide soy incapaz de saber si eres algo tangible o un espejismo.

**RAMÍREZ**
También quería despedirme.

**PROFESOR**
¿Te vas?

*El* Profesor, *un tanto sorprendido, comprueba la hora en su reloj de pulsera.*

Ramírez

Se lo recordé la semana pasada.

Profesor

Oh. *(Deja los papeles y el bolígrafo sobre la mesa. Se saca las gafas. Juguetea con las patillas de la montura.)* Llegó el día. Tres meses ya. El tiempo vuela, ¿eh?

Ramírez

En realidad el plazo expiró ayer, pero me tomé la libertad de venir también hoy para no dejar mis tareas a medio hacer. Su despacho, enviar unos correos...

*El* Profesor *arquea las cejas y asiente casi imperceptiblemente mientras emite un «m-mm» que vendría a ser una especie de discreto «ajá».*

Ramírez

Espero que no le importe.

Profesor

No, no. Muy considerado por tu parte.

Ramírez

Así podrá reinstalarse en su escritorio. Tiene que haber sido incómodo trabajar aquí durante la última semana.

Profesor

Bueno, no te creas.

Ramírez

¿No?

PROFESOR

Al comienzo fue desconcertante, pero la verdad es que me he acostumbrado rápido. La ventana da al jardín, tengo la cafetera justo aquí al lado…

RAMÍREZ

Comprendo.

PROFESOR

Es un ambiente agradable. Está bien cambiar de ubicación de tanto en tanto, airea la mente. Ayuda a considerar los temas desde una óptica nueva. Me gusta contemplar los pucheros, los fogones… Son evocadores. Este frutero.

RAMÍREZ

Un hermoso bodegón.

PROFESOR

Sí, no está mal. *(Toma una manzana del frutero, bien surtido, y la hace girar en la mano.)* ¿Sabes que barnizan las manzanas? Con un pincel. Para que brillen.

RAMÍREZ

¿El brillo no es genuino?

PROFESOR

Lo fue alguna vez, pero se perdió en el trasiego del transporte. Lo restituyen con este. Un brillo apócrifo, aunque seductor. Las cepillan con goma laca antes de venderlas. Goma laca. Es la resina que exuda un bicho que come árboles, creo que lo llaman gusano de la laca. Eso daría para un ensayo. O un poema, quizá. No muy largo. Un poemita. Piénsalo. Te regalo la idea. *(Devuelve la manzana al frutero.)* La realidad nos arroja temas continuamente a la cara. Solo hay que estar alerta. Pero el trabajo intelectual puede llegar a asemejarse a una reclusión. El día más inesperado te miras recién levantado en el espejo y reparas en que has dilapidado tu vida entre cuatro paredes. Por eso es bueno cambiar. Aunque sean cambios nimios. Al menos ves algo de mundo.

RAMÍREZ

*(Sonriendo.)* Siempre que eso no implique desplazarse en demasía.

PROFESOR

No, claro, viajando lo menos posible.

RAMÍREZ

Un día me explicará por qué detesta viajar.

PROFESOR

No hay mucho que explicar. Detesto viajar en el sentido geográfico porque es incómodo, agobiante y, a la postre, para qué nos vamos a engañar, también fútil. Descubrir nuevos colores de taxi no aporta nada a una cabeza amueblada. Les tengo mucho aprecio a mi cama y a mi cuarto de baño. Si quiero comida exótica la pido por teléfono. Sonará cursi, pero la única aventura interesante es la aventura interior. No, yo hablaba de cambios minios, de una punta a otra del pasillo. Y salir a dar un paseo de vez en cuando. No se necesita más. El estilo Kant. *(Mira la ventana, satisfecho.)* Sí. Creo que me quedaré en esta cocina unos días más. *(Dirigiéndose a* RAMÍREZ.*)* ¿Y tú? ¿Qué vas a hacer ahora? ¿Te ha servido de algo trabajar aquí durante estos meses? ¿Podrás entregar la tesis a tiempo?

RAMÍREZ

Sí.

PROFESOR

Me alegro. En fin… Quizá volvamos a coincidir algún día.

RAMÍREZ

*(Ilusionado.)* ¿Usted cree? ¿Como pares en el mundo de las letras?

*El PROFESOR se pone las gafas y recupera las hojas anotadas de encima de la mesa, dispuesto a proseguir con su trabajo.*

PROFESOR

¿Por qué no?

RAMÍREZ

Así que piensa que tengo potencial. Me voy de esta casa muy reconfortado. Usted es un gran maestro. Verá, durante semanas, por no incordiar, he reprimido con esfuerzo el impulso de expresarle mi admiración. Para no resultarle, digamos, empalagoso. Pero ahora que mi estancia aquí ha terminado quiero que sepa que la veneración que profeso a su obra es… *(No da con un término adecuado.)* bárbara.

*El PROFESOR no contesta, abstraído en lo suyo.*

RAMÍREZ

Descubrir que usted le vislumbra un futuro prometedor a mi carrera me llena de… Quizá algún día incluso reciba un premio de sus manos.

PROFESOR

Claro.

RAMÍREZ

Le estoy muy agradecido.

*Por fin exhibe lo que esconde en la espalda. Es una botella*
*envuelta en papel. Se la muestra sosteniéndola como una*
*ofrenda. El* PROFESOR *pone los ojos en ella, pero no la identi-*
*fica al instante.*

PROFESOR
¿Qué es eso?

RAMÍREZ
*(Deshaciendo el envoltorio.)* Una botella.

PROFESOR
Ya veo. Pero de qué.

RAMÍREZ
De vino.

PROFESOR
Ramírez, yo no bebo.

RAMÍREZ
Es un Gran Reserva. *(Comprueba la etiqueta.)* Es un vino
excelente.

PROFESOR
No me cabe duda. Pero no bebo, Ramírez.

RAMÍREZ
Pensé que sería buena idea brindar con usted…

*El* PROFESOR *se encoge de hombros tomando una bocanada*
*de aire, como buscando en el espacio que le rodea otra forma*
*de decirle que no bebe.*

RAMÍREZ
Debería haberlo tenido en cuenta, qué torpeza.

PROFESOR

No te disculpes, agradezco tu gesto. Es solo que no…

RAMÍREZ

Se la dejaré aquí de todos modos.

PROFESOR

Puedes llevártela y disfrutarla tú.

RAMÍREZ

No estaría bien. *(La deposita cerca, sobre la encimera.)* Ábrala cuando tenga ocasión. En una cena con invitados. Al fin y al cabo tampoco soy un experto en vinos. Sus amistades sabrán apreciarlo mejor que yo.

> RAMÍREZ *se queda de pie al lado de la botella esperando que el* PROFESOR *diga algo. Pero no dice nada.*

RAMÍREZ

El sumiller de la tienda me aseguró que es de primera categoría.

PROFESOR

Oye, Ramírez, eso que llamas «amistades» es una camarilla de sabelotodos con más arrogancia que sabiduría. No distinguirían un Château Lafite de un líquido anticongelante por mucho que hundieran la nariz en la copa. Que publiquen sus chorradas en alguna columnita semanal no les confiere buen gusto. Anda, descorcha la botella y brinda tú por los dos.

RAMÍREZ

¿Está hablando en serio?

PROFESOR

Que sí, hombre. Adelante. El sacacorchos está en el primer cajón.

*A* Ramírez *se le iluminan los ojos.*

RAMÍREZ

¡A sus órdenes!

*Con rapidez y entusiasmo* Ramírez *abre el cajón, rebusca, se hace con el sacacorchos y se afana en abrir la botella. El* Profesor, *consciente de que más vale esperar a estar solo para recuperar la concentración, desiste de seguir corrigiendo sus notas y las deja caer sobre la mesa poniendo las gafas encima.* Ramírez *saca dos copas del armario.*

RAMÍREZ

¿Sabe qué haré? Rellenaré también su copa, aunque no se la beba.

Ramírez *coloca las copas encima de la mesa (lo que obliga al* Profesor *a cambiar de sitio algunos papeles) y vuelve a por la botella.*

RAMÍREZ

Al fin y al cabo, por muy abstemio que sea nada le impide brindar, corríjame si me equivoco.

*Sirve vino en la dos copas y entrega una al* Profesor *antes de levantar la suya.*

RAMÍREZ

Por usted, Profesor.

PROFESOR

*(Alzando su copa.)* Por los hermanos Karamázov.

Ramírez *se bebe el vino de un trago. El* Profesor *deja la copa llena encima de la mesa.*

**RAMÍREZ**
Está muy bueno. *(Intenta recolocar el corcho en la botella.)* Vaya. Demonios. Cómo se resiste. Estos malditos tapones de corcho…

**PROFESOR**
Déjalo estar.

**RAMÍREZ**
Si queda abierta se echará a perder.

*La mirada fija del* PROFESOR *le está invitando a irse.* RAMÍREZ *vuelve a poner la botella sobre la mesa.*

**RAMÍREZ**
Usted manda. Como prefiera. *(Coloca el tapón cuidadosamente sobre la boca de la botella, pero sin empujarlo hacia adentro.)* Bueno, creo que ha llegado el momento de irme. Le dejo trabajar con su…Con lo que sea que…

**PROFESOR**
*(Recuperando los papeles y las gafas.)* Gracias. Por favor, deja las llaves en la consola del vestíbulo antes de salir.

**RAMÍREZ**
Por curiosidad, ¿en qué anda ahora metido?

**PROFESOR**
¿Te refieres a esto? *(Aludiendo a los papeles que tiene en la mano.)*

**RAMÍREZ**
¿Es una novela?

**PROFESOR**
No. Vaya, creo que no. Pero desde que se inventó el

posmodernismo es fácil tener un desliz y que te salga una sin pretenderlo.

RAMÍREZ
Un ensayo, entonces.

PROFESOR
Un ensayo, sí. De los de toda la vida.

RAMÍREZ
¿Lo ha acabado ya?

PROFESOR
Le faltan algunas correcciones.

RAMÍREZ
No me ha hablado de él.

PROFESOR
No recuerdo haberlo hecho, no.

RAMÍREZ
¿Se trata de un ensayo confidencial?

PROFESOR
Dejará de serlo cuando lo publiquen.

RAMÍREZ
(Ríe.) ¡Claro! Naturalmente. Entonces será del dominio público. ¿Y no se lo ha dejado leer a nadie hasta ahora?

PROFESOR
No.

RAMÍREZ
¿Ni mencionarlo?

PROFESOR

¡No es el Proyecto Manhattan, es solo un ensayo!

RAMÍREZ

Un ensayo literario.

PROFESOR

Todos los ensayos son literarios.

RAMÍREZ

¿Un encargo?

PROFESOR

No, pero tengo que entregarlo mañana. He de acabarlo hoy.

RAMÍREZ

Pero si no es un encargo, entonces…

PROFESOR

Me comprometí con Lombardi, la editora. Espera tenerlo mañana. Por eso tengo que acabar de corregirlo ahora.

RAMÍREZ

Y yo aquí interrumpiéndole.

PROFESOR

No me había percatado.

RAMÍREZ

Pero también puedo serle de ayuda. Lo pasaré a limpio, si quiere.

PROFESOR

Gracias, pero no es necesario.

RAMÍREZ
De verdad que no me importa quedarme un rato más. Esperaré a que acabe de revisarlo y...

PROFESOR
Estarán esperándote en casa.

RAMÍREZ
¡Qué va! Les trae si cuidado lo que haga con mi vida.

PROFESOR
Ya será menos. ¿No tienes novia?

RAMÍREZ *no responde.*
*El* PROFESOR, *consciente de que a lo mejor ha tocado un tema delicado, vuelve a dejar los papeles y las gafas sobre la mesa.*

PROFESOR
Mira, he decidido que me voy a tomar un día de descanso.

RAMÍREZ
¿Y la editorial?

PROFESOR
Sería la primera vez que cumpliese los plazos con Lombardi. Y no ando muy fino.

RAMÍREZ
¿Se encuentra mal?

PROFESOR
La condenada migraña. No veo bien y me está empezando a doler la cabeza. Necesito estar solo y en silencio. Puede que me tumbe en el sofá a oscuras.

RAMÍREZ
¿Le apago la luz?

El PROFESOR, *con los ojos cerrados y los dedos en el puente de la nariz, niega con la cabeza.*

RAMÍREZ
Le prepararé algo. Una infusión.

PROFESOR
Ramírez: solo y en silencio.

RAMÍREZ
La infusión le aliviará la jaqueca.

PROFESOR
No me gustan las infusiones. Son agua sucia con aroma.

RAMÍREZ
Entonces debería comer ajo. Es vasodilatador. ¿Tiene ajo? Yo tomo ajo todas las mañanas. Un diente de ajo crudo. No le estoy engañando. Ballard decía que si puedes oler a ajo, es que todo anda bien.

PROFESOR
También escribió que la vida es una especie de enfermedad.

RAMÍREZ
Esa no la sabía.

PROFESOR
¿Hacemos un trato? Te revelo el gran secreto y te vas.

RAMÍREZ
¿Va a explicarme lo que está escribiendo? ¿A mí?

PROFESOR

A ti, sí. Me ha parecido entrever, quizá me equivoque, una cierta curiosidad camuflada en tu obstinación. Pero puedo estar equivocado, no siempre acierto a descifrar las indirectas. Mi mujer me lo echaba en cara a menudo. Sospecho que es una acusación de la que no se libra ningún hombre.

RAMÍREZ

Será un privilegio conocer el contenido de su última obra antes que nadie, y de primera mano. Un privilegio inmerecido, desde luego. ¡Pero que de ningún modo pienso rechazar! ¿Se trata de un texto político?

PROFESOR

No...

RAMÍREZ

Seguro que sí. Ninguna actividad humana es ajena a la política. Y no digamos escribir.

PROFESOR

¿Eso piensas?

RAMÍREZ

Estoy convencido. Todo acto de creación es un acto político. Una toma de posición. Aunque sea de forma inconsciente.

PROFESOR

Pues la de este ensayo es muy inconsciente. Trata sobre un tema en apariencia anodino, seguramente aburrido para muchos. Desprovisto de carga ideológica, en todo caso.

RAMÍREZ

Y... ¿cuál es?

PROFESOR
El cuerpo laxo.

*Tras un segundo de desconcierto a* RAMÍREZ *se le escapa la risa.*

RAMÍREZ
Me toma el pelo. ¿Desprovisto de carga ideológica? Por un momento ha logrado confundirme. El cuerpo laxo, evidentemente. La indolencia contemporánea, el individualismo consumista inculcado en el cuerpo social que nos despoja de capacidad de reacción ante el abuso de las cripto-élites.

PROFESOR
¿Has dicho «cripto-élites»?

RAMÍREZ
He dado en la diana.

PROFESOR
No, nada de eso. No trato las… «cripto-élites». Tan solo el cuerpo laxo.

*El* PROFESOR *resopla frotándose las sienes. Se apoltrona en la silla estirando las piernas y dejando caer un brazo por detrás del respaldo para ilustrar su explicación con una postura elocuente.*

PROFESOR
Laxo. Así. El cuerpo laxo. O los cuerpos laxos, si prefieres. Cuerpos humanos carentes de tono, desfallecidos, dejados caer tras la convulsión, el esfuerzo o el coito. Desnudos, por supuesto. Sin tensión en los músculos, sin vigor manifiesto. Pero no cadavéricos, sino sanos, llenos

de vida en suspenso, de energía potencial. Pero expuestos, vulnerables. No el «cuerpo social», no. El cuerpo de carne, sin metáforas. Sin política.

*El* Profesor *se levanta de la silla con el vaso de zumo (medio lleno) en la mano. Se dirige a los cajones de la cocina a buscar el sobre de algún fármaco efervescente que verterá en el vaso mientras sigue hablando.*

Profesor
Es un motivo recurrente de las artes plásticas, pero muy esporádico. No he encontrado bibliografía al respecto. Por eso me he animado a rastrear su genealogía a lo largo de la Historia del Arte, desde el Quattrocento hasta nuestros días, localizando ejemplos en Giorgione, Miguel Ángel, Courbet y en el diorama póstumo de Duchamp. Y también en los dibujos eróticos de Jean Cocteau, con aquellos marineros echándose una siesta o fumando un pitillo en los camastros. Seguro que los has visto.

Ramírez
No.

Profesor
¿No? Qué raro. ¿Te parece interesante?

*El* Profesor *bebe despacio el contenido del vaso sin apartar la mirada de* Ramírez.

Ramírez
¿Es muy largo?

Profesor
No. Lombardi quería algo conciso, así que he recurrido a mi capacidad de síntesis. Solo ciento treinta páginas esta vez. A doble espacio.

**Ramírez**

Y… ¿Por qué?

**Profesor**

¿Por qué a doble espacio?

**Ramírez**

Por qué los cuerpos laxos.

**Profesor**

He escrito catorce libros de semiótica. La mitad sobre temas más abstrusos. Y es la primera vez que alguien me pregunta «por qué».

**Ramírez**

Pero ¿qué le atrajo de ese tema en concreto?

**Profesor**

Ya te lo he dicho, su rareza. Y también, por qué no, la belleza. La simple y llana belleza. A menudo obviamos que la belleza es un motivo que se basta a sí mismo.

**Ramírez**

Está bien, pero ¿en qué le atañe? ¿Se siente vinculado a los cuerpos laxos, no sé, por alguna experiencia personal, quizá?

**Profesor**

¿Y quién no? Todos. Yo, está claro, pero también tú. Absolutamente todos pasamos buena parte del tiempo en estado de laxitud. Y no solo cuando dormimos. Forma parte de nuestra condición humana.

*El* Profesor *apura el contenido del vaso y lo deja sobre la encimera.*

PROFESOR

Mira, es un caso parecido al de la nieve. El *Homo sapiens* pobló Europa hace casi cincuenta mil años, en plena Glaciación, y se hartó de ver hielo durante otros cuarenta mil. Y aun después siguió viendo nevar cada año, un siglo tras otro. La nieve cayó sobre los dólmenes, sobre las calzadas romanas, sobre la catedral de Chartres. Más de trescientas generaciones de antepasados han visto nevar un año sí y otro también, desde el Neolítico. Y, sin embargo, tuvimos que esperar hasta el siglo XVI —hasta ayer, como quien dice—, para que Brueghel el Viejo se decidiera a pintar el primer paisaje invernal. A Brueghel le separan de Altamira treinta y cinco mil años de pintura sin un solo paisaje invernal. Ni uno, en treinta y cinco mil años. ¿Cómo es eso? ¿Nunca te lo has preguntado?

RAMÍREZ

Tampoco se han pintado muchas telas de gente sentada en la taza.

PROFESOR

Exacto, tampoco. ¿A qué lo achacarías?

> RAMÍREZ *piensa uno o dos segundos, sin dar con una respuesta.*

RAMÍREZ

Dígamelo usted.

> El PROFESOR *se encoge de hombros mientras se rasca una oreja.*

PROFESOR

Aunque no se pintara un bisonte en la pared de una cueva con el mismo propósito que a un rey en el siglo

XV, por lo general la atención del artista se ha centrado siempre en lo excepcional en detrimento de lo ordinario, destacando lo destacable. Es decir, lo que la sociedad del momento considerase destacable. El noble y no el campesino, el prodigio y no la rutina, el sexo y no lo que acontece después.

*Discretamente, aprovechando que el* PROFESOR *tiene toda la atención secuestrada por su propio soliloquio,* RAMÍREZ *echa mano de la botella de vino y se dispone a rellenarse la copa.*

PROFESOR
Es interesante desentrañar por qué los artistas eligen unos temas y pasan otros por alto, aunque los tengan a todas horas delante de las narices. Fíjate: en el arte abundan los torsos arqueados, los músculos tensos, los glúteos prietos… O la pose premeditada de falsa relajación. Y, sin embargo, el cuerpo verdaderamente laxo apenas…

*RAMÍREZ empuja levemente la copa con la botella, volcándola y derramando vino por encima de los papeles de la mesa. Con un movimiento rápido evita que la copa se estrelle contra el suelo.*

RAMÍREZ
Oh, no.

PROFESOR
¡Pero qué haces, Ramírez!

RAMÍREZ
Lo siento…

*Ambos se precipitan a intentar evitar a toda velocidad que el desaguisado empeore, apartando los papeles rápidamente y*

*sacando cosas de la mesa. Se produce una gran algarabía.*
*Desplazan fajos de papeles y libros a la encimera o encima*
*de las sillas.*

RAMÍREZ
Está goteando.

PROFESOR
¡Quita eso de ahí, date prisa!

RAMÍREZ
¿Tiene un trapo?

*El* PROFESOR *toma un libro ilustrado entre el pulgar y el*
*índice. Está chorreando. Lo sacude un poco.*

PROFESOR
*El origen del mundo* de Courbet se ha echado a perder.

RAMÍREZ
*(Pasa azorado un trapo por la mesa y una silla.)* Cuánto lo
siento, Profesor. Lo lamento de veras. No ha sido mi
intención…

PROFESOR
No hagas eso, luego estará pegajoso.

RAMÍREZ
Ya. Tiene razón. ¿Dónde guarda la fregona?

PROFESOR
*(Se detiene llevándose una mano a la sien. Aprieta los párpa-*
*dos. Resopla.)* Déjalo, no importa. Después ordenaré todo
esto. Necesito descansar, estoy peor que antes.

RAMÍREZ

Me sabe mal abandonarle ahora sin arreglar antes el estropicio. Parece mareado. Siéntese.

PROFESOR

Será lo mejor.

> RAMÍREZ *toma suavemente del brazo al* PROFESOR *y le acompaña hasta la silla. La despeja de papeles para que pueda sentarse.*

RAMÍREZ

No me ha dicho dónde guarda la fregona.

PROFESOR

No tengo ni idea de dónde está la maldita fregona.

RAMÍREZ

Está usted fatal, Profesor. ¿Llamo a una ambulancia?

PROFESOR

Me parto.

RAMÍREZ

No era un chiste, la llamo ahora mismo si quiere. ¿Qué esconde ahí? *(Extrae unas hojas grapadas de debajo de otro montón de hojas.)* ¡Vaya, menuda sorpresa! *(Hojea el documento.)* ¡Y subrayado! Ha hecho anotaciones. ¿No pensaba comentármelo?

PROFESOR

Eh… Sí, naturalmente. ¿No te dije nada?

RAMÍREZ

Ni una palabra.

PROFESOR

Perdona, tengo tantas cosas en la cabeza… Le eché un vistazo anteayer. No he podido hacerlo antes.

RAMÍREZ

No se disculpe. Reconozco que me ha tenido en vilo las últimas semanas, pero, para serle sincero, tampoco albergaba muchas esperanzas de que fuera a prestarle atención.

PROFESOR

Sí, claro que sí, ¿por qué no iba a hacerlo?

RAMÍREZ

Es el manuscrito de un aprendiz, una menudencia. Recibirá muchos así. Le habrá parecido lamentable.

PROFESOR

No.

RAMÍREZ

¿No?

PROFESOR

No, lamentable no.

RAMÍREZ

¿Lo ha leído con interés?

PROFESOR

Sí, por supuesto.

RAMÍREZ

Pero, dígame, ¿qué opinión le merece?

PROFESOR

Preferiría aprovechar una oportunidad más adecuada

para extenderme. Hoy, puede que no hayas reparado en ello, no funciono a pleno rendimiento. ¿Qué te parece si buscamos un momento la semana que viene?

RAMÍREZ

Sí, sí, conforme. Cuando esté recuperado. La semana que viene me va muy bien. Solo le pido una palabra. Una sola palabra suya bastará para que pueda conciliar el sueño hasta entonces. Seguro que puede echar mano de la capacidad de síntesis que le caracteriza.

PROFESOR

*(Hace acopio de fuerzas.)* No se puede resumir en un simple «bueno» o «malo».

RAMÍREZ

Entiendo. Mediocre, entonces.

PROFESOR

La forma es notable.

RAMÍREZ

Puse empeño en lograr un estilo claro. Es algo que aprendí de usted. Yo también detesto la prosa deliberadamente ininteligible. Como la de esos estructuralistas franceses. La complejidad debe radicar en el asunto tratado. Nuestro trabajo consiste en transmitir esa complejidad al lector de la forma más diáfana posible. Divertida incluso, ¿no cree?

PROFESOR

Ameno es, no se puede negar. Comienza como un relato apocalíptico, para luego exponer un repaso exhaustivo de novelas y películas relacionadas con el tema… Y luego viertes esas reflexiones… La verdad es que se hace ameno.

RAMÍREZ

Gracias, pero ¿y el fondo?

PROFESOR

¿Vas a dejar el título tal como está? *¿Requisitos para un fin del mundo sostenible?*

RAMÍREZ

¿No le gusta?

PROFESOR

Dale otra vuelta.

RAMÍREZ

De acuerdo, pero hábleme del contenido. Necesito saber qué piensa del contenido.

PROFESOR

(*Se comprime la sien, mortificado por el dolor.*) Oh, Dios. Qué tormento. Como si me inyectaran plomo fundido detrás de los ojos. (*Abre los ojos y se recompone ligeramente.*) Disculpa. Te seré franco. Tu propuesta es… Pueril.

RAMÍREZ

¿Pueril? ¿A qué se refiere?

PROFESOR

No aporta nada nuevo. Se ha escrito mucho al respecto. El fin del mundo, el gran cataclismo, un arca espacial que salve a los elegidos. Cómo elegir a los elegidos. ¿Trazamos una media poblacional? ¿Debemos salvar a los artistas o solo a los ingenieros? ¿Solo a los individuos jóvenes, sanos y fértiles o también a los maduritos que aportan experiencia? ¿Y a los que han contraído deudas con la Administración? Te has olvidado de los morosos. ¿Qué hacemos con los diabéticos, los albinos, los epilépticos?

RAMÍREZ

«Personas con epilepsia», mejor. El término «epiléptico» estigmatiza a los…

PROFESOR

¿Qué hacemos con los epilépticos? Grandes genios han sido epilépticos. Einstein, Newton, Beethoven, Dostoyevski…

RAMÍREZ

Newton no. Y Beethoven tampoco.

PROFESOR

Dostoyevski sí. ¿Aprovechamos para soltar lastre con los miopes? ¿Los analfabetos, los feos, los gordos? Bla, bla, bla. Es un viejo debate.

RAMÍREZ

¿Un debate agotado, según usted?

PROFESOR

Pueril. Una discusión caprichosa. No conduce a ninguna parte. Y dices que no hay que salvar a los gatos.

RAMÍREZ

No me gustan los gatos.

PROFESOR

Si nos arrasara una llamarada solar…

RAMÍREZ

Nos arrasará.

PROFESOR

Sí, en fin…

RAMÍREZ

Podría ocurrir mañana mismo. Ha ocurrido otras veces. Eso o algo equivalente. Cataclismos que extinguen la vida en la Tierra. De ninguna manera puede ser un debate agotado. Podría y debería ser un debate urgente. El único debate relevante, de hecho.

PROFESOR

Si nos arrasara una llamarada solar poco nos importaría quién se salvara, en el caso remoto de que pudiéramos salvar a alguien.

RAMÍREZ

¿Dice que poco nos importaría? ¿A quién? ¿A usted no le importaría?

PROFESOR

¿Ocho mil millones de muertos? Mi misantropía no alcanza cotas tan elevadas. Claro que me importarían ocho mil millones de muertos. Esos sí. Aunque es una cifra tan desorbitada, tan inconcebible, que apenas mueve a la piedad. Aun así, de acuerdo, no puede no importarme. Pero, ¿nos preocuparemos de organizar un concurso para enviar a una docena de desgraciados a…? ¿A dónde? Los montamos en un cohete ¿y a dónde los enviamos?

RAMÍREZ

Esa es otra cuestión.

PROFESOR

Desde luego que es otra. Tú pasas por encima furtivamente.

RAMÍREZ

De rastrear planetas ya se ocupan los científicos. A mí lo

que me interesa es la ética del asunto. La toma de decisión política.

PROFESOR

La política, cómo no.

RAMÍREZ

Evidentemente. ¿Le parece un asunto ajeno a la política?

PROFESOR

No he dicho tal cosa. En realidad me estaba acordando de Lenin. De lo que decía a propósito de cómo «formar un buen material humano» siguiendo a rajatabla el precepto de «mejor poca cantidad, pero mejor calidad».

RAMÍREZ

¿Lo ha leído entero? ¿Se ha fijado en cómo cambiaría el criterio si las circunstancias de la selección fueran distintas? Yo planteo dos escenarios, uno catastrófico, el otro no: por un lado salvar a unos cuantos de una extinción inminente y, por el otro, enviar en circunstancias normales a unos cuantos a colonizar sin más otro planeta, uno que sirva.

PROFESOR

Es lógico que cambie el criterio. En el primer caso se trata de perpetuar la especie y en el segundo no. Las exigencias son distintas.

RAMÍREZ

Se equivoca, no deberían serlo. Solo se diferencian en la prisa.

PROFESOR

¿Qué prisa?

RAMÍREZ

Unos salen corriendo y los otros no. Pero la vida en la Tierra se extinguirá de todas formas. Mañana o dentro de un millón de años. El plazo no debería influir en el criterio de selección. Una selección óptima es una selección óptima. Si hemos de colonizar la galaxia debemos ceñirnos en primera instancia a criterios de fertilidad, excelencia y diversidad genética. En todos los casos. Sin importar lo que ocurra en la Tierra.

PROFESOR

¿En serio estamos hablando de esto, Ramírez? ¿De colonizar la galaxia? ¿Aquí, en mi cocina?

RAMÍREZ

Estamos hablando de quién, en resumidas cuentas, debe sobrevivir.

PROFESOR

No, de lo que estás hablando es de quién debe morir.

RAMÍREZ

¡Profesor, me asombra! ¿Está diciendo que el salvamento de unos pocos implica responsabilidad en la muerte del resto? ¿Que somos inocentes si dejamos morir a todos pero culpables si intervenimos? Si le estoy entendiendo bien usted dejaría arder una casa entera no fuera que le pesara en la conciencia haber rescatado solo a los vecinos del cuarto piso.

PROFESOR

*(Se le escapa una risa momentánea, truncada de inmediato por el dolor de cabeza.)* Los bomberos no efectúan exámenes de idoneidad en el cuarto piso, se limitan a salvar de las llamas a todos los que pueden. Tú no propones eso. Tú partes

de la premisa de una catástrofe global. La eventual extinción de la especie es un pretexto para rediseñar la Humanidad a tu antojo. Tu juego especulativo desprende la singular fragancia de la eugenesia.

RAMÍREZ
Ah, la eugenesia. Puede ser. ¿Y eso le incomoda?

PROFESOR
¿Has oído hablar de la Conferencia de Wannsee?

*Silencio.*

PROFESOR
No te ofendas, pero teorizar acerca de la criba de vidas humanas es un pasatiempo que oscila entre la frivolidad y el delirio megalomaníaco.

RAMÍREZ
Es su opinión.

PROFESOR
Desde luego.

RAMÍREZ
Yo no la comparto.

PROFESOR
Me parece bien.

RAMÍREZ
Pero la respeto.

PROFESOR
También me parece bien.

*Silencio.*

RAMÍREZ
Según Stephen Hawking a la vida en la Tierra no le quedan más de doscientos años. Y eso lo dijo cuando aún estaba vivo. El reloj ha corrido desde entonces. Le diré una cosa: si nos extinguimos completamente será por culpa de los que piensan como usted.

PROFESOR
Gracias. Pero puede que se deba a sociópatas como tú que no nos queden más de doscientos años.

*Silencio.*

RAMÍREZ
Quizá prefiere retomar el hilo de los cuerpos laxos.

PROFESOR
Lo que prefiero es dejarlo para otro día.

RAMÍREZ
¿Aun le duele la cabeza?

PROFESOR
Lo que tú llamas dolor es un eufemismo comparado con esto.

*Suena el teléfono fijado a la pared.*

RAMÍREZ
¿Contesto?

PROFESOR
No. *(Se levanta, camina hasta el teléfono y lo descuelga.)*

¿Sí?

Ah, hola. Ayer no me llamaste.

Podría estar mejor, la verdad.

Pues aquí, despidiéndome de Ramírez. ¿Te acuerdas de Ramírez? Luego me echaré un poco y se me pasará.

¿Que tome nota? ¿De qué? ¿Un especialista? Ya te he dicho que no tiene importancia, pero no discutiremos por eso. De todas formas vendrás mañana, ¿no? De acuerdo, lo apunto de todas formas. *(Agarra un lápiz y una libretita que hay cerca del teléfono.)* Dame un segundo, no sé dónde he dejado las gafas.

> RAMÍREZ *deja sus hojas encima de la mesa y coge las gafas del* PROFESOR. *Cuando va a entregárselas se le caen al suelo. Se rompen los cristales.*

PROFESOR

Te llamo en diez minutos.

> El PROFESOR, *anonadado, cuelga lentamente el teléfono.* RAMÍREZ *se agacha a recoger las gafas rotas.*

RAMÍREZ

Sé lo que está pensando, Profesor. Yo también lo pienso.

PROFESOR

¿Y qué pensamos ambos, Ramírez?

RAMÍREZ

Pensamos que hay dos tipos de calamidades, las inevitables y las evitables, y que esta pertenece al segundo grupo.

PROFESOR

Correcto, hasta ahí coincidimos.

RAMÍREZ

También pensamos que las calamidades inevitables, como la muerte, por ejemplo, son susceptibles de provocar una gran desazón existencial.

PROFESOR

Una gran desazón, sí.

RAMÍREZ

Pero las evitables son más irritantes si cabe.

PROFESOR

Me lees el pensamiento.

> RAMÍREZ *se levanta con los pedazos en la mano. Trata de recomponer el estropicio, sin mucho éxito.*

RAMÍREZ

Por mucho que yo intente reparar el daño usted no va a dejar de estar irritado. Por cierto, ya le adelanto que mi esfuerzo es inútil. No tiene arreglo. *(Pone los pedazos sobre la encimera.)* Es curioso, porque la irritación llega antes que el razonamiento, ¿se ha fijado? Usted está irritado ahora mismo, a que sí.

PROFESOR

Lo justo.

RAMÍREZ

Pero en breve lo estará más.

PROFESOR

¿Ah, sí?

RAMÍREZ

A medida que vaya pasando lista a los motivos. Primero

pensará: esto no hubiera ocurrido de haber cogido yo las gafas. Se trata de una conjetura indemostrable, está claro, porque también se le podrían haber caído a usted. Pero eso no importa.

PROFESOR
¿No importa?

RAMÍREZ
No, porque de todas formas redoblará su irritación. Y el enojo llama al enojo. Luego pensará: no tendría que haberlas dejado encima de la mesa. Y aún más: si Ramírez se hubiera largado todavía las llevaría puestas y enteras.

PROFESOR
Eso no es una conjetura, es un hecho.

RAMÍREZ
Pero Ramírez también podría haber atendido la llamada de… ¿Quién era, su hijo?… Yo me ofrecí, usted no me dejó. Todas las decisiones tienen consecuencias.

PROFESOR
Cierto. Se me ocurre una decisión con una consecuencia más grata. Consiste en pedirte que te vayas. ¿Qué te parece?

RAMÍREZ
Previsible. Es producto de su enfado. Le advierto que el enfado es mal consejero. No conviene decidir en caliente. Además, la migraña ofusca el juicio. Le duele horrores la cabeza.

PROFESOR
Ya no.

RAMÍREZ
¿En serio?

PROFESOR
El dolor se ha esfumado de repente, ¿no es prodigioso?

RAMÍREZ
Casi me sorprende, pero no. Hay estructuras intangibles, una tupida red de vínculos invisibles que influyen subrepticiamente en los acontecimientos. Que seamos ajenos a ella no significa que no esté ahí. Algunas personas prefieren llamarlo casualidad. Pero no. No, no, no. La casualidad no existe.

PROFESOR
Yo no lo hubiera expresado mejor. *(Se dirige a la mesa.)* No permitamos que esa maraña cósmica en la que otros solo ven azar siga imponiéndonos sus designios. *(Agarra el texto de* RAMÍREZ *y alarga la mano para entregárselo.)* Aprovecha lo que queda del día para llevar tu manual fascistoide de selección de personal a algún editor. Seguro que encuentras a alguien dispuesto a publicarlo en algún rincón de la galaxia. Considera mis correcciones una gentileza desinteresada y, por favor, no menciones mi nombre en los agradecimientos.

> RAMÍREZ *toma los papeles. Los enrolla formando un tubo con ellos.*

PROFESOR
Ah, gracias por la botella. Quizás tome luego una copa a tu salud.

> El PROFESOR *recoge los pedazos rotos de sus gafas de la encimera y los inspecciona distraídamente.* RAMÍREZ *se dirige despacio a la salida.*

**Profesor**

*(Sin mirarle.)* No rompas nada antes de llegar a la calle.

*Ramírez abre la puerta, pero cuando está a punto de salir por ella se detiene. Se vuelve hacia el Profesor sin soltar el picaporte.*

**Ramírez**

¿Por qué mató a su mujer, Profesor?

*La pregunta paraliza al Profesor, que tarda en reaccionar.*

**Profesor**

¿Qué has dicho?

**Ramírez**

Le he preguntado por qué mató a su mujer.

**Profesor**

*(Incrusta en él una mirada asombrada y al mismo tiempo furiosa.)* No te he oído bien.

**Ramírez**

Es una pregunta sencilla.

**Profesor**

*(Conteniéndose, mordiendo las palabras.)* Largo de aquí.

**Ramírez**

¿No piensa responder?

**Profesor**

Sal ahora mismo de esta casa o te echo a patadas.

**Ramírez**

Profesor, no profiera amenazas que no va a poder cumplir.

PROFESOR
Yo de ti no apostaría…

RAMÍREZ
No quiero entablar un forcejeo con usted, pero si me viera forzado a ello dese cuenta de que no tendría usted ninguna posibilidad. Me dobla la edad, está viejo. Por eso yo subiría al cohete y usted no, ¿entiende?

PROFESOR
Te lo repito por última vez. Largo.

RAMÍREZ
*(Finge considerar la opción de irse.)* Prefiero quedarme.

PROFESOR
Todavía puedo romperte la cara, chaval.

RAMÍREZ
¿Puede? ¿O va a hacerlo?

PROFESOR
Prepárate.

RAMÍREZ
Adelante.

*Durante unos segundos, bromeando,* RAMÍREZ *adopta una postura de púgil, moviendo los puños cerca de la cara. Sonríe.*

RAMÍREZ
No le veo muy dispuesto a romperse las manos. ¿A quién pretende engañar? Usted no es un hombre de acción.

PROFESOR
Es cierto, no lo soy.

*(Descuelga el teléfono.)* No tengo ninguna necesidad de revolcarme por el suelo como un adolescente. Me basta con llamar a la policía.

RAMÍREZ

¿A la policía?

PROFESOR

No estoy bromeando.

RAMÍREZ

Conforme, le creo. Es capaz de llamar a la policía.

PROFESOR

Y tanto que lo soy.

RAMÍREZ

¿Y qué les dirá? ¿Que le he hecho una pregunta? ¿No le parece que está sacando las cosas de quicio? ¿Voy armado? ¿He entrado a robar? ¿Le estoy amenazando? Aquí el único que ha hablado de romperle la cara a alguien ha sido usted. ¿Quiere que les cuente eso cuando lleguen? Esperaré sentado a que vengan. Hágase un favor: cuelgue el teléfono y deje de hacer el ridículo.

PROFESOR

*(Cuelga el aparato.)* De acuerdo. No lo compliquemos. Comportémonos como seres civilizados. Olvidaré este incidente. Yo no telefoneo y tú me dejas tranquilo. Hagamos como si no hubiera pasado nada. Ahora te lo pediré de forma cortés: por favor, vete. Sal de mi casa.

RAMÍREZ

Oh, no, no, no, no. *(Cierra la puerta tras de sí.)* Profesor, no.

PROFESOR
¿No qué? Pero ¿se puede saber qué te pasa?

RAMÍREZ
Usted es muy hábil, sí que lo es, casi me da gato por liebre. «Hagamos como si no hubiera pasado nada». Pero se da la circunstancia de que sí ha pasado. No podemos fingir que no ha pasado porque sí ha pasado. Ha pasado que yo le he hecho una pregunta y usted no ha respondido.

PROFESOR
Yo no maté a mi mujer, jodido lunático.

RAMÍREZ
¿Cómo? ¿Lo niega?

PROFESOR
¿Estás sordo? ¡Yo no maté a mi mujer! ¡Yo no he matado nunca a nadie! ¿Te queda claro?

RAMÍREZ
Pero ¿cómo dice eso?

PROFESOR
¿Qué quieres que diga? Es la verdad. No hay otra verdad. Solo esa verdad.

RAMÍREZ
Pero antes no lo decía.

PROFESOR
¿Qué?

RAMÍREZ
Antes no lo decía. Ahora dice que no mató a su mujer.

Pero antes no decía eso, decía otra cosa, decía que sí la había matado.

PROFESOR

¿Antes? ¿De qué estás hablando? ¿Antes, cuándo?

RAMÍREZ

¿A quién debo creer? ¿Al usted de ahora o al usted de antes? Porque los dos no pueden tener razón. Si este dice la verdad aquel miente, y si este miente aquel dice la verdad. Y, en todo caso, yo, lo que quiero saber, lo que me interesa, es el porqué. Si la mató, ¿por qué la mató? Le queda eso por aclarar. Acláremelo.

PROFESOR

Yo jamás he dicho…

RAMÍREZ

¡Por supuesto que sí!

PROFESOR

De esta boca no han salido esas palabras.

RAMÍREZ

No, de su boca no.

PROFESOR

¿A qué estás jugando?

RAMÍREZ

Y de haberlas pronunciado, las palabras se las lleva el viento. O se escuchan mal. Usted podría negarlo y no habría forma humana de contradecirle. Pero los vicios nos pierden, y el suyo es escribir.

*El* PROFESOR *no sabe de qué le habla.*

RAMÍREZ
Rellenar cuadernos. Me dan mucho trabajo, no sé dónde ponerlos. Notas manuscritas, difíciles de asignar a un archivo específico.

PROFESOR
¿Has leído mis diarios?

RAMÍREZ
Con empeño, porque su letra es minúscula. Se diría que moja con tinta las patas de una hormiga y la deja corretear por las hojas.

PROFESOR
Los guardo bajo llave.

RAMÍREZ
Y bien que hace. Yo tampoco dejaría unos pasajes tan reservados a la vista del primero que pasara por delante.

PROFESOR
Devuélvemelos ahora mismo.

RAMÍREZ
Están encima de su escritorio, ya se lo dije.

*El* PROFESOR *inicia el camino hacia la puerta.*

RAMÍREZ
¿Adónde va? No le engaño. Los he dejado ahí, no tengo ningún interés en sustraérselos. Puede disponer de ellos a su antojo, ya he salvaguardado lo más destacado.

PROFESOR
¿Que has hecho qué?

RAMÍREZ

En previsión de un arrebato de pánico que le llevara a destruirlos. Ya me entiende, que le entrara la premura de borrar las pruebas. Eso no estaría bien. Me consta que no es usted un hombre impulsivo, pero he preferido obrar con cautela. De ahí que haya empleado toda la mañana en usar el escáner. ¿No lo ha oído desde aquí? *(Imita el zumbido de un escáner funcionando.)* No, claro, estaba usted refocilándose con el cuerpo laxo.

PROFESOR

Has robado mis diarios…

RAMÍREZ

¿Robar? Esa palabra es muy gruesa.

PROFESOR

Has robado mis diarios. Has forzado una cerradura, los has robado, los has leído y, no contento con eso, los has escaneado.

RAMÍREZ

Y luego se los he devuelto.

PROFESOR

¿Dónde guardas el archivo? No tienes derecho a usurpar esa información. Entrégame el chisme donde guardas el archivo.

RAMÍREZ

*(Sonríe.)* ¿Es una petición formal?

El PROFESOR, *fuera de sí, se arroja sobre* RAMÍREZ, *le tira de la ropa, intenta meter las manos en sus bolsillos.*

PROFESOR

¡Dámelo! ¡Lo llevas encima! ¡Dámelo, hijo de puta! ¡Dámelo!

RAMÍREZ *le agarra los antebrazos y le empuja lejos de sí. El* PROFESOR *trastabilla.*

RAMÍREZ

¡No sea patético! ¡Sea un poco adulto, ya tiene una edad! ¿Qué le hace pensar que uso «chismes»? ¿Tan encerrado vive en su torre de marfil que no se ha enterado de que existe internet? Los datos están por ahí, *(Agita la mano en el aire.)* en las nubes. Mírese bien, se le cae la dignidad a pedazos como si fuera la carne de un leproso. Haga un esfuerzo y recobre la compostura. Prométame al menos que mantendrá los esfínteres bajo control.

*El* PROFESOR *toma asiento en una silla alejada de la mesa.*

RAMÍREZ

Buena decisión. Haciéndose el héroe solo conseguirá lastimarse.

PROFESOR

Por favor, dime dónde has metido esos archivos. Por favor.

RAMÍREZ

¿Ya estamos lloriqueando otra vez? Pues sí que le importa lo que haga con ellos.

PROFESOR

¿Quieres que te lo suplique?

RAMÍREZ

¿Pongo música? Algo dramático. ¿El *Réquiem* de Mozart, cuando cantan aquello de «Lacrimosa, dies illa»?…

PROFESOR

¿Qué coño quieres? ¿Dinero?

RAMÍREZ

¿Me toma por un chantajista?

PROFESOR

Lo único que quiero es…

RAMÍREZ

Primero me llama ladrón y luego chantajista.

PROFESOR

No, escucha, aparca eso ahora. Si se trata de dinero hablémoslo. ¿Es dinero lo que quieres?

RAMÍREZ

Oh, por Dios, zanjemos esto de una vez: los originales son suyos, las copias mías. Están a buen recaudo. Punto. No proponga trapicheos. Si se porta bien le diré más tarde dónde están.

PROFESOR

Estás jugando, Ramírez. Creo que te lo estás pasando bien, pero no es un juego divertido. Esto no está siendo nada divertido.

RAMÍREZ

¿Qué quiere? Le he dicho que se lo diré luego.

PROFESOR

Te estás buscando la ruina. Espero que tengas una buena razón para perpetrar este sinsentido porque el precio que vas a pagar es muy alto. Me ocuparé de que lo sea.

RAMÍREZ *va a servirse una copa de vino.*

PROFESOR

Estás cometiendo un delito. Más de uno, varios delitos. Repasa el Código Penal. Te llevaré a juicio. Te condenarán. Y antes de que eso ocurra te expulsarán de la universidad.

RAMÍREZ

¿Qué universidad? *(Bebe.)* La paja en el ojo ajeno. Se obceca con mis pecados veniales y olvida su confesión de asesinato.

PROFESOR

Esto no tiene ni pies ni cabeza.

RAMÍREZ

¿Cuántas páginas dedicó a regodearse en ello? ¿Diez? ¿Once? Estrangular a su mujer. Qué feo, Profesor. ¿No podría haber elegido otra víctima?

PROFESOR

Deliras. Estás mal. ¿Es que te has dado un golpe en la cabeza? Mi esposa murió en el hospital. Ni siquiera me encontraba presente. Me telefonearon de madrugada. Y no es un recuerdo grato del que me apetezca hablar.

RAMÍREZ

No es necesario, lo he leído en otro cuaderno. Qué contradictorio.

PROFESOR

Ah, también lo has leído. Pues entonces dime dónde ves la contradicción. Es evidente que no la hay. Su muerte salió en los periódicos. Su enfermedad era del dominio público. Yo la quería. Quería a mi mujer, óyelo bien. Jamás le hubiera hecho daño. Jamás se lo hice. ¡Soy escritor, joder! Mis diarios no levantan acta de la realidad, son un territorio de libertad creativa. Te empeñas en buscar hechos donde solo hay ficción.

RAMÍREZ
La mezcla la hace usted.

PROFESOR
Solo faltaría que tuviera que justificarme por lo que escribo en mis cuadernos privados. Y menos ante ti.

RAMÍREZ
Interesante. Ficción y realidad. Un escarceo inocente.

PROFESOR
Trabajo.

RAMÍREZ
¿Trabajo, dice?

PROFESOR
Trabajo, sí. Trabajo. Hipótesis, especulación. Ponerte en el lugar del otro.

RAMÍREZ
Ah, ya entiendo. Echar a volar la imaginación. Indagación literaria. Estudio del personaje. ¿Planeaba escribir una novela negra?

PROFESOR
No escribo novelas.

RAMÍREZ
Qué, entonces.

PROFESOR
Un ensayo sobre William Burroughs.

Ramírez

¡Sí, caramba, William Burroughs! El escritor heroinómano que le voló la cabeza a su mujer con una Star automática. Se busca usted excusas muy bibliográficas. Sus coartadas son como notas a pie de página. ¿También coincide con Thomas de Quincey en considerar el asesinato como una de las bellas artes?

Profesor

Burroughs no era un asesino, hasta tú lo sabes.

Ramírez

Por supuesto. Era solo un borracho con mala puntería emulando a Guillermo Tell. Lo recuerdo bien. Un vaso de ginebra encima de la cabeza y un agujero un poco más abajo, en medio de la frente. Una forma como cualquier otra de matar el aburrimiento un jueves caluroso. ¿Por qué el estrangulamiento, Profesor? ¿Por qué no jugar también a Guillermo Tell con su esposa? Ahí tiene manzanas. Y usted no bebe. ¿Qué tal anda su pulso?

Profesor

¿Se te acaban los pretextos para prolongar la tertulia? Esta conversación carece de sentido. Está agotada. Ya he satisfecho tu curiosidad. Por fin has descubierto lo evidente y has arrojado luz sobre lo público y notorio. Burroughs mató a su mujer haciendo el imbécil. Por accidente. Y la mía murió en paz, en la cama de un hospital. Ya  no queda nada por desentrañar.

Ramírez

Quien no se da por satisfecho es porque no quiere.

Profesor

Exacto.

RAMÍREZ

Su conciencia está tranquila.

PROFESOR

Muy tranquila, sí. Más que la tuya. Al contrario que tú no voy a tener que declarar ante un juez.

RAMÍREZ

El caso es, Profesor, que los hechos son los que son y que disimula usted fatal.

PROFESOR

Pero, ¿otra vez? ¿Te lo tengo que explicar otra vez?

RAMÍREZ

¿El qué, que no mató a su mujer?

PROFESOR

¿Quieres que te lo dibuje?

RAMÍREZ

No, ese punto lo tengo claro.

PROFESOR

Entonces, ¿de qué estamos hablando? ¡No hay más hecho que ese!

RAMÍREZ

¿Qué entiende usted por «hecho», Profesor? Hay hechos y hechos. Usted los discrimina a su conveniencia. Están los hechos acaecidos, los imaginados y los no acaecidos.

PROFESOR

Dios mío.

RAMÍREZ

A mí, los de usted, los que usted selecciona, los acaecidos, no me atañen. Esos competen a los tribunales y carezco de vocación jurídica. Sin embargo los otros me llaman poderosamente la atención. Por ejemplo, los imaginados. Esa descripción tan vívida, tan elocuente, de sus manos enroscadas en la garganta de su esposa un sábado por la noche, apretando, apretando fuerte, y de la mirada de espanto y estupor que ella clava en usted. Sobre todo de estupor, porque la agresión es del todo inesperada. Del todo incongruente. Usted la estrangula sin odio, sin rencor, sin animadversión. Y ella no lo entiende. Está muriendo y no entiende qué pasa. No sabe que no hay nada que entender. Y grita con los ojos, porque quiere entender, le grita a usted con los ojos: «¡¿Por qué?!». Eso es muy interesante. Usted lo describe muy bien y es muy interesante.

PROFESOR

Un diez en comprensión lectora. ¿Has acabado?

RAMÍREZ

No, también están los hechos no acaecidos. Usted amaba a su mujer, de eso no me cabe duda. Y la visitaba a diario en el hospital. Confiaban mutuamente el uno en el otro, ¿no es así? Pero tan solo en apariencia. Porque usted no era del todo sincero con ella. Guardaba algunos pequeños secretos para usted solo. Por ejemplo, lo que escribía en sus dietarios. Escarceos inocentes de la fantasía, como este. Ejercicios preliminares para ensayos que luego, mire usted por dónde, resulta que no existen. Hete aquí un hecho no acaecido: un libro que no existe. Lo que evidencia el escaso interés que, al fin y al cabo, le suscita a usted William Burroughs más allá de su utilidad como subterfugio. Porque usted no ha escrito nunca un ensayo sobre William Burroughs, ¿me equivoco?

PROFESOR

No.

RAMÍREZ

Usted, que acudía al hospital a leerle en voz alta a diario, omitió en sus lecturas este escarceo inocente. Y eso también es un hecho. Un hecho cóncavo, el negativo de un hecho, pero un hecho, a fin de cuentas. ¿No está de acuerdo en que esa omisión es un hecho? ¿Por qué no le explicó cómo había imaginado estrangularla? Al fin y al cabo ella era un personaje importante en la escena. Hubiera merecido estar al corriente de su implicación. ¿No lo hizo en consideración a su estado de salud? ¿Pensó, quizá, que su fantasía podría herirla? ¿Pensó que su fantasía podría matarla?

> El PROFESOR *observa largos segundos a* RAMÍREZ, *sin decir nada.*
> *Suena el timbre del teléfono. Varias veces.*
> RAMÍREZ *pregunta con un ademán si atiende la llamada. El* PROFESOR *no contesta.*
> *El teléfono sigue sonando. Seis, siete, ocho veces más.*
> *Al fin, cesa.*

PROFESOR

Sí. La hubiera matado. Sí. Estoy seguro. Exactamente igual que si la hubiera estrangulado con mis propias manos. Hubiera muerto destrozada por el horror y la pena. Porque esas palabras estaban escritas para causar el horror máximo. Para entender ese horror. Escribí para sentir. Sentir lo que solo la ejecución de un crimen abyecto, deliberado, irreversible y sin motivo puede hacernos sentir. No a un psicópata. A mí. Yo no soy un sádico ni un psicópata. Mi propósito era saber qué siente un ser humano que sí distingue el bien del mal y elige el mal, la condena eterna, destruir lo que más ama, porque sí, sin planear, sin meditar, sin otra finalidad que hacerlo porque lo que más ama está ahí delante, desprevenido. Es una decisión al alcance de unos pocos, porque requiere un tipo especial de coraje. Una valentía capaz de arrojarnos al vacío de la libertad absoluta. Una libertad total, sin restricciones externas pero, sobre todo, tampoco internas, exenta de cortapisas morales, más allá de la razón, del sentido, del dolor, incluso del amor, pero asumiendo en todo momento nuestra decisión, manteniéndonos bien despiertos y sintientes. Una libertad que no responde ante nada ni ante nadie, ni siquiera ante uno mismo.

RAMÍREZ
Menudo argumentario de pesadilla.

PROFESOR
Le dijo la sartén al cazo. Yo me ciño a un asesinato. Tú repartes a la Humanidad entera en bolsas de basura. Aquí el plástico, allí el papel, aquí el vidrio.

RAMÍREZ
Detalles. Está claro que ambos coincidimos en sacar fuera lo mejor de nosotros.

PROFESOR
Coincidimos en ponerlo por escrito. Otros piensan y callan. No seamos hipócritas. ¿Quién, estando al borde de un acantilado, no ha sentido alguna vez el impulso de pegar un súbito empujón en la espalda de su acompañante?

RAMÍREZ
Yo, sin ir más lejos. Nunca.

PROFESOR
Mientes.

RAMÍREZ

Piense lo que quiera. La diferencia fundamental entre usted y yo radica en que usted es un cobarde. Se regodea recreando hazañas que nadie le impide realizar, salvo el miedo. Esa cobardía no se ennoblece por el hecho de caligrafiarla y, desde luego, no le disculpa desde un punto de vista moral.

PROFESOR

¿Es depravado imaginar la depravación?

RAMÍREZ

Pregúnteselo a su vergüenza. Ella le preguntará a usted por qué guarda sus meditaciones bajo llave.

PROFESOR

¿Y para qué escribo un diario personal? Lo dirijo a un solo lector, yo mismo. Tú eres una anomalía, Ramírez, un invitado no deseado. No deberías estar aquí, asomado a mi inconsciente. Yo debería ser mi único interlocutor. En eso consiste un diario. La imaginación no tiene reglas. Es también un espacio de libertad absoluta y carece de tanto sentido mutilar su traslación a un diario como pretender censurar nuestros sueños. Ese es el dominio de la fantasía, de la impudicia y hasta de la contradicción. Admite la incoherencia, el renuncio y el disparate. Soy libre para imaginarme siendo lo que más odio, haciendo lo que más detesto, opinando lo inadmisible. Esa libertad se llama pensamiento. ¿Será posible que esté explicándote esto? Sabes perfectamente de qué hablo. No te apoyes ahí.

RAMÍREZ

(*Sorprendido, se aparta de la encimera girando sobre sí mismo.*)
Oh. ¿Me he manchado?

PROFESOR

No. Es que esa parte está floja y podría ceder. ¿Por qué guardo mi pensamiento bajo llave? Porque en eso consiste estar cuerdo, en abrir y cerrar el grifo a voluntad. No estoy loco y distingo claramente la línea divisoria entre lo real y lo imaginario. Mi fantasía, si permanece donde debe estar, protegida y aislada, es incapaz de romper la causalidad, no desgarra «la tupida red de vínculos invisibles que influyen en los acontecimientos», no hiere ni mata ni condena ni ultraja a nadie, ni siquiera a mí. Mis cuadernos no son muñecos de vudú.

RAMÍREZ

¿Cree de verdad que ambas esferas, la de lo real y la de lo imaginario, están tan desconectadas? ¿Cree que la verdad solo reside en una de las dos? Usted sabe, todos los escritores lo saben, que el simple acto de poner una idea por escrito activa en ese mismo instante resortes en el otro lado del mundo. Nadie sabe cómo funciona esa correa de transmisión, pero funciona. De repente, el universo se reorganiza. Usted escribe ahora sobre un explorador olvidado del siglo XVI y mañana por la mañana inaugurarán una exposición sobre él en Berlín o aparecerá en las noticias porque alguien ha encontrado su cuerpo momificado en un risco de los Andes. ¿Lo achaca a la casualidad? La imaginación es una carretera con doble sentido de circulación. Los grandes creadores son visionarios. De esta realidad y, en casos especiales, de otras realidades también. Su admirado Dostoyevski, por ejemplo. ¿Sabe qué decía sentir durante un segundo, justo antes de sufrir una de sus crisis epilépticas, en ese breve momento de gozo, de felicidad, de total, absoluta felicidad por el que hubiera dado su vida entera? Que el cielo descendía a la Tierra y le envolvía. Veía a Dios, Profesor. Veía a Dios. Y usted me dice que la imaginación cabe en un puño.

PROFESOR

¿Estamos charlando? ¿Esto es una charla? No me apetece charlar, Ramírez. Siento decepcionarte, pero la conclusión, por más que ansíes lo contrario, es que ni maté ni pretendí matar a mi mujer. Esa es la única puñetera verdad. ¿He despejado ya tus dudas?

*Vuelve a sonar el teléfono.*
*RAMÍREZ, sonriente, lo deja sonar varias veces.*
*Descuelga.*

RAMÍREZ

¿Sí, diga?
Ramírez.
*(Sonríe.)* Sí, aún por aquí. No, mañana ya no. Tres meses y ya, sí.
Ah, pues muy interesante. Qué te voy a contar, Ángel. Cada minuto en esta casa vale por una clase magistral.
Qué va. Tu padre ha sido muy cordial conmigo. ¡Nada que objetar! *(Risa.)*
No, no puede ponerse ahora. Ya sabes, la jaqueca.
Es mejor, claro. Dejarle tranquilo un rato, que descanse.
Claro. Claro. Claro.

*El PROFESOR se levanta de la silla y se dirige a la mesa, a paso lento. Se sirve una copa de vino.*

RAMÍREZ

Cómo no. Lo apunto y se lo dejo a la vista para que lo encuentre luego. *(Echa mano de un lápiz y una libretita que hay cerca del teléfono y sostiene el teléfono entre el hombro y la mejilla.)*
Sí.
Sí.
Sí. Vale. Correcto. No te preocupes.

De nada. A ti, Ángel. Que pases un buen día. Adiós. Adiós. Adiós.

*(Cuelga.)* Su hijo.

El Profesor *está a punto de llevarse la copa de vino a la boca.*

RAMÍREZ

No haga eso. No le conviene beber.

PROFESOR

Te equivocas, sí que es conveniente. A mi edad conservo el pulso intacto. Pero así, bebido, y sin gafas, cuando juguemos a Guillermo Tell y te dispare no le daré a la manzana.

RAMÍREZ

¿Ha comprado una pistola?

PROFESOR

Mecachis, no. Pero esto es una cocina. Te propongo un lanzamiento de cuchillos.

RAMÍREZ

*(Ríe.)* ¿Cómo rechazar una invitación semejante? Me pondré un corsé de lentejuelas, tirabuzones y un penacho de plumas.

PROFESOR

Con que te estés quieto será suficiente.

RAMÍREZ

*(Arranca una hoja de la libretita.)* Su hijo se preocupa por usted. Aquí está el número de un especialista. Se la dejo a la vista, para que no se olvide. *(La adhiere a la nevera con la ayuda de una pegatina magnética.)* Parece serio.

PROFESOR
*(Bebiendo.)* Lo es.

RAMÍREZ
Vaya. Lo lamento. Espero que al final su problema quede en nada. A veces las apariencias engañan.

PROFESOR
No lo sabes tú bien.

RAMÍREZ
Es mejor contar con una segunda opinión. No quedarse con lo primero que le dicen a uno. No se rinda. Ese especialista que le recomienda su hijo parece bueno. Si puedo serle de ayuda en algo no dude en decírmelo.

*Silencio.*

RAMÍREZ
Sorprende que no mencione su problema ni una sola vez en los diarios. Es llamativo.

PROFESOR
Los has devorado, ¿eh?

RAMÍREZ
El episodio del estrangulamiento lo he leído tres veces.

PROFESOR
Me pregunto cuántos minutos habrás dedicado en total a ordenar mi despacho. Mejor dicho: ¿has encontrado tiempo entre cuaderno y cuaderno para hacer algo que no sea fisgonear en mi intimidad?

RAMÍREZ
Pregúntese mejor si su hijo velaría por usted con la

misma solicitud de haber fisgoneado en esa intimidad suya apenas una fracción de lo que yo lo he hecho. Quizá su afecto se viera mermado tras leer algunos párrafos escogidos. Si la ensoñación paterna del estrangulamiento de su madre ya sería difícil de digerir para cualquier hijo, ¿qué no se descacharraría en su cerebro tras conocer otro episodio de libertad total imaginativa más antiguo, aquél en el que usted, siendo mucho más joven, llega a plantearse en serio, sosteniendo a su hijo recién nacido en brazos, el dejarlo caer a plomo sobre el borde de la bañera con el único objeto de saber qué se siente condenando de por vida a la tetraplejia a un crío perfectamente sano? ¡Llega a preguntarse incluso qué ruido producirá su tierno espinazo al partirse! ¿Cómo pensaba hacerlo? ¿Así?

*(Sujeta horizontalmente su rollo de papel por ambos extremos y lo deja caer de forma que la parte central golpee el borde de la encimera.)*

Uf, menuda inyección de adrenalina.

*(Recoge el tubo de papel del suelo.)*

¡Mire, ajo!

*(Saca un par de cabezas de ajo de una cestita.)*

Sí que tenía. Pues hágame caso, es mano de santo. Yo le quito la piel así y para adentro, crudo. Con un diente cada mañana basta. Pero no sé cómo tendrá el tracto digestivo. Si le resulta demasiado fuerte puede darle un hervor y los efectos son prácticamente los mismos. Mejora la salud ósea, es bueno para el corazón, previene la demencia senil y prolonga la vida.

*(Se mete un diente de ajo en la boca y lo mastica.)*

PROFESOR

No me caes bien, Ramírez.

RAMÍREZ

Tampoco es que se haya molestado mucho en fingir lo contrario. *(El sabor del ajo le provoca un mohín.)*

PROFESOR

Pero no creo que seas idiota.

RAMÍREZ

Gracias.

PROFESOR

Solo un malnacido.

RAMÍREZ

Es su opinión. La respeto.

PROFESOR

Un malnacido inteligente que en ocasiones parece idiota. Alguien con un ligero trastorno paranoide de la personalidad. Un monomaníaco falto de cariño. Yo no necesito meter las narices en tu diario íntimo para hacerme una idea exacta de tu triste vida. Por cierto, ¿llevas un diario? Me mata la curiosidad por saber qué anotarás ahí.

RAMÍREZ

Pobre de mí. No llevo ningún diario.

PROFESOR

Claro que no. Sin duda estaría plagado de hechos no acaecidos, como tú los llamas. ¿Qué apuntarías, tus aspiraciones de escritorzuelo mediocre? ¿Las andanzas de tu inexistente vida social? La del niñato a quien nadie invita a las fiestas y las chicas nunca dan su número de teléfono.

RAMÍREZ

Confieso que estoy volcado en su obra y eso me distrae por completo de otros quehaceres. Las horas invertidas en leer sus catorce libros de semiótica han vaciado mis agendas de compromisos.

PROFESOR
Vaya, Lombardi acierta al pedirme que abrevie.

RAMÍREZ
No lo deploro, su lectura me ha procurado un enriqueci-miento intelectual imperecedero. Espero no parecer pre-suntuoso declarándome su discípulo más incondicional.

PROFESOR
Dicho así, con el aliento apestando a ajo, es de lo más halagador.

RAMÍREZ
Sin embargo, sin embargo, también he de reconocer que nada me ha resultado tan sugestivo y estimulante como explorar el vasto depósito de sus anotaciones privadas. La brillante erudición de su obra teórica palidece al lado de   tamaño despliegue de ensoñaciones ruines. Es impo-sible no dejarse cautivar por la prosa despreocupada que concatena una tras otra sus indecentes cavilaciones.

PROFESOR
Un material literario de primera.

RAMÍREZ
Indiscutiblemente.

PROFESOR
La prudencia me cohíbe en exceso. Estoy privando injus-tamente a mis lectores de un manantial de satisfacciones. Quizá debiera publicarlo.

RAMÍREZ
Ya lo he hecho yo por usted.

PROFESOR
Lo has publicado.

RAMÍREZ
Sí.

PROFESOR
Tú.

RAMÍREZ
Yo, sí.

PROFESOR
Lo has publicado.

RAMÍREZ
Sí.

PROFESOR
Has publicado mis diarios.

RAMÍREZ
Una parte.

PROFESOR
Has publicado una parte de mis diarios.

RAMÍREZ
Sí. No podía escanearlo todo en una mañana. He publicado solo la parte más significativa. Con su nombre, claro está. Soy muy respetuoso con la propiedad intelectual.

PROFESOR
Dónde.

RAMÍREZ
En varios sitios.

PROFESOR
Qué sitios. Cuándo.

RAMÍREZ
Antes. Hace un rato.

PROFESOR
En qué sitios.

RAMÍREZ
En varios. Sitios de internet. Un par de foros feministas…
En redes sociales. No sé, no recuerdo ahora exactamente.
También lo he enviado por correo electrónico a la prensa.
Prensa sensacionalista. ¿No se acuerda? Le dije que los
archivos estaban por ahí, *(Agita la mano en el aire.)* en las
nubes. Eso sí, los cuadernos reposan encima de su escritorio. Todos, del primero al último. Y se los he dejado
ordenados por orden cronológico. Usted los tenía espar-
cidos y de cualquier manera.

PROFESOR
*(Hunde la cara en las palmas de sus manos.)* Qué parte has
enviado.

RAMÍREZ
Una selección de fragmentos. Los que hacen referencia a
su mujer, a su hijo… y alguno más que no hemos comenta-
do. Como esas reflexiones políticas inconvenientes que se
cuida tanto de soslayar en sus libros. Hay que ver cómo se
le dispara la pluma cuando está a solas consigo mismo.
Especialmente contra sus presuntos correligionarios. No
deja usted títere con cabeza, ¿eh? Sorprende la virulencia

pero, sobre todo, el extremismo de sus inclinaciones. Con lo comprometido y prudente que parecía en las entrevistas. ¿En qué términos aludió a mis tesis? ¿Que adjetivo empleó? Ah, sí, «fascistoides». Ay, Profesor, Profesor...

PROFESOR
Esto no me está pasando a mí.

RAMÍREZ
En realidad sí. Me sabe mal que haya coincidido.

PROFESOR
Coincidido el qué.

RAMÍREZ
La voladura de su reputación y el deterioro de su salud. ¿Estoy siendo cruel o solo inoportuno?

*El* PROFESOR *se masajea la cara despacio. Se levanta de la silla. Detiene sus pasos. Enfrentado a* RAMÍREZ, *y sin dejar de mirarle, abre un cajón. Extrae un cuchillo. Cierra el cajón.* RAMÍREZ *se mantiene a la expectativa.*

PROFESOR
Estás muy seguro de haber destrozado mi reputación.

RAMÍREZ
Espere a ver la que se lía en unas pocas horas. Qué digo horas. Ya se estará liando.

PROFESOR
Quizá, o quizá no. De entrada, lo que sí has logrado es sepultar la tuya bajo una montaña de estiércol.

RAMÍREZ
¿La mía? Carezco de ella.

PROFESOR

En segundo lugar das por sentado que tu felonía va a surtir algún efecto. Que los destinatarios van a molestarse en prestar atención a tus correos.

RAMÍREZ

Basta con que lo haga uno o dos. Y serán más. Al fin y al cabo se trata de usted. Nuestro intelectual emblemático. El hombre que piensa por nosotros.

*El* PROFESOR *se gira. Aparentemente muy tranquilo, toma una manzana del frutero. Se sienta a la mesa, de espaldas a* RAMÍREZ.

PROFESOR

Y, en tercer lugar, supones que la reacción será adversa. Que mi reputación recibirá una tunda y no lo contrario.

RAMÍREZ

¿La depravación hecha virtud literaria? Déjeme pensar. No. No, qué va. ¿Un Marqués de Sade de nuestro tiempo? Tampoco hoy faltan asilos de Charenton. Quizá, si hubiera usted cometido un crimen de verdad, con derramamiento de sangre de verdad, a lo mejor, en ese caso…

*El* PROFESOR, *para hacer sitio en la mesa, comienza a empujar lentamente la montaña de papeles y libros hacia el borde opuesto a él.*

RAMÍREZ

Desgraciadamente para usted, una opinión pesa más, mucho más que un acto. Miles de lectores han sorteado con desenvoltura la funesta circunstancia de que Burroughs le hubiera pegado un tiro a su mujer y cumpliera en la prisión de Lecumberri una condena… ¡De trece días! No es necesario que le refiera ahora una lista de escritores, artistas y cineastas con un pasado escabroso que han sido disculpados por sus admiradores. Es prolija, y todos la conocemos de sobra.

*Las cosas empiezan a caer de la mesa.*

RAMÍREZ

Sin embargo, el crimen del pensamiento… No, ese no se perdona. De nada sirve mostrar arrepentimiento. No se puede perdonar, no hay cómo hacerlo. Y a usted no se lo perdonarán. Las masas se revolverán contra usted. También, cómo no, aquellos que no le han leído. Arrastrarán su nombre por el fango. Le lincharán, delo por descontado. Ah, y su hijo… Su reacción no es fácil de prever. Pero no volverá a verle con los mismos ojos.

*El amasijo de papeles y libros se derrumba en tropel y con gran estruendo. La mesa queda prácticamente despejada.*
*El* PROFESOR *comienza a pelar la manzana con el cuchillo.*

PROFESOR

¿Sabes, Ramírez? Llegados a este punto me doy cuenta de que apenas me interesan tus motivos. Es extraño. Lo normal sería que me reconcomiera la curiosidad. ¿Qué habrá empujado a este hombre a levantarse un día por la mañana para venir a mi casa a prenderle fuego a mi vida? Es lo primero que se preguntaría un hombre cabal al ser agredido sin mediar provocación alguna. Una provocación de magnitud comprable a la agresión, se entiende, no una leve desavenencia literaria como la que hemos tenido. Sin embargo, no sé por qué, en este preciso momento, lo único que me interesa es comer esta manzana. Me gusta pelarlas de una vez, en una sola tira, sin levantar el cuchillo. Despacito, manteniendo constante el ancho de la monda. Contemplar cómo va dibujando una espiral en el plato.

RAMÍREZ

Es una pena, Profesor, porque tenía una buena respuesta preparada.

PROFESOR

Oh. Vaya.

RAMÍREZ

¿De verdad no quiere saber por qué?

PROFESOR

No es que no quiera, es que me importa una mierda.

RAMÍREZ

Difícil de creer. Usted no es la clase de persona que rehúya una incógnita.

PROFESOR

Quizá no sea mi mejor día.

RAMÍREZ

*(Tamborilea en la encimera con el tubo de papel.)* Intente adivinarlo. Venga. Inténtelo.

> El PROFESOR *ha acabado de pelar la manzana. Levanta la mondadura (una sola tira, larga) con los dedos y se la muestra a* RAMÍREZ.

PROFESOR

Veamos. Qué podrá ser. Qué podrá ser. *(Entrecierra los ojos, pensativo, y muerde la manzana.)* Confiabas en que tu miserable redacción sobre naves espaciales y hecatombes me deslumbraría…

RAMÍREZ

La verdad es que sí.

PROFESOR

... y que me faltaría tiempo para salir corriendo hacia las oficinas de Lombardi, a exigirle su publicación inmediata. Decepción. Represalia.

RAMÍREZ

No.

PROFESOR

Ya. Muy banal. Probemos con otra hipótesis. Eres mi otro hijo. Uno del que no tenía noticia. Durante años has esperado el momento oportuno para hacerme pagar por tu desconsuelo de niño abandonado. Rencor. Ajuste de cuentas.

RAMÍREZ

*(Sonríe.)* Absurdo. De ser así lo que haría es reclamar mis derechos sucesorios.

PROFESOR

Cierto. Puedo hacerlo mejor. *(Muerde la manzana.)* A ver. Has descubierto en mis diarios los flirteos adúlteros que he mantenido con jóvenes admiradoras. Estabas enamorado de una de ellas. Celos. Venganza.

RAMÍREZ

*(Ríe.)* ¡Inverosímil! Sus infidelidades nunca han traspasado la linea del cortejo empalagoso. En efecto conozco a algunas, y puedo asegurarle que las chicas le seguían el juego con una mezcla de compasión y asco. Vive usted inmerso en una ficción permanente, tanto en sus cuadernos como en su vida.

PROFESOR
Qué difícil.

RAMÍREZ
Tres intentos. Le concedo un último.

PROFESOR
¡Narcisismo! Eso es. Narcisismo. El deseo de dejar una impronta. Tu necesidad de ser recordado. Ya que no lo vas a lograr como autor, has decidido perdurar, al menos, como personaje. No has encontrado una sola referencia a tu persona en mis diarios y eso te ha escocido. Y has dado con la forma de irrumpir en mi obra, dejando tu nombre inseparablemente unido al de tu autor más admirado. Te parece inconcebible que no siga escribiendo mis diarios a partir de hoy. Y eso te garantiza un lugar en ellos. A falta de tique de embarque, te has colado de polizón en un cohete rumbo al planeta de la gloria literaria.

RAMÍREZ
¡Esa es buena! Elaborada y poética. Admito que, en parte, sí. Pero no es el motivo principal. No. El motivo es mucho más simple.

PROFESOR
*(Deja caer sobre la mesa lo que queda de la manzana.)* Adelante, te escucho.

RAMÍREZ
Quería, tan solo… Quería saber qué se siente.

*Tras unos segundos de silencio, el* PROFESOR *empieza a reír. Una risa apagada.*

PROFESOR
Al final tendrás razón. El fin del mundo está tardando

demasiado en llegar. Nos merecemos una buena llamarada solar que purifique este planeta.

RAMÍREZ

Venga, la vida es bonita en muchos aspectos.

PROFESOR

No, en serio. La edad te da otra perspectiva. Somos una especie miserable.

RAMÍREZ

No se queje. Vea el lado bueno. ¡Le he curado la migraña!

*Ambos prorrumpen en una carcajada.*

PROFESOR

*(Riendo.)* ¡Sí, es verdad!

RAMÍREZ

*(Riendo.)* ¡Se la he curado por completo!

PROFESOR

*(Riendo.)* Por completo. No queda ni rastro. ¡Querías saber qué se siente! Y dime, ¿ya lo sabes? ¿Ya sabes lo que se siente?

RAMÍREZ

*(Dejando de reír.)* Sí, lo sé, lo sé.

PROFESOR

¿Y qué sientes?

*El rostro de* RAMÍREZ *adquiere una expresión seria, casi extasiada. La emoción altera sus rasgos. Los globos oculares se le enrojecen.*

RAMÍREZ
Felicidad. Una felicidad absoluta…

*RAMÍREZ se detiene en seco. Se tambalea levemente. Una lágrima resbala por su mejilla.*

PROFESOR
¿Estás viendo a Dios, Ramírez?

*RAMÍREZ entreabre la boca y, aun con la cabeza agachada, fija su mirada en algún punto indeterminado del techo. Se le cae de las manos su escrito, el tubo de papel. Pierde pie y va a dar contra la encimera. Logra sostenerse unos segundos, pero luego acaba en el suelo. Se convulsiona. Se trata de una crisis epiléptica «grand mal». Saca espuma por la boca y propina patadas al aire.*
*El PROFESOR, indeciso al comienzo, se arrodilla a su lado. Intenta sujetar un poco sus brazos. Se saca el cárdigan, lo dobla varias veces y lo coloca debajo de la cabeza de RAMÍREZ. Después lo agarra de un brazo y de un lado y lo empuja hasta inclinarlo sobre un costado. Lo sostiene en esa postura. Las convulsiones van dando paso a un estado más relajado. Cesan las patadas.*
*El PROFESOR inspecciona los bolsillos de RAMÍREZ. Encuentra un pequeño frasco con pastillas. Se pone en pie y deja el frasco sobre la encimera. Permanece de pie, observando los movimientos de RAMÍREZ, progresivamente más sosegados.*
*Se vuelve a arrodillar. Levanta levemente la cabeza de RAMÍREZ y recupera el bulto de ropa. Le cubre la cara y presiona con ambas manos. RAMÍREZ, semiinconsciente, reacciona. Vuelve a patalear y se agarra a las muñecas del profesor, intentando zafarse de la asfixia. Después de unos interminables segundos de un forcejeo agónico, su cuerpo se relaja por completo y queda inerte.*

*El PROFESOR aparta la ropa del rostro de RAMÍREZ. Lo vuelve a poner debajo de su cabeza y coloca, a modo de cetro, el texto enrollado de «Requisitos para un fin del mundo sostenible» en su mano.*

*Se pone en pie. Camina hasta la mesa. Extenuado, se derrumba en una silla, sin dejar de observar el cadáver.*

*Permanece un tiempo inmóvil, como alelado, contemplando el cuerpo que yace a pocos metros de él. Acaricia el borde de la mesa con la punta de los dedos. Todos sus movimientos son mínimos y extremadamente pausados.*

*Su mirada vaga por la estancia hasta recalar en la nota pegada en la nevera. Tarda en levantarse. Camina hasta la encimera casi arrastrando los pies. Busca entre el montoncito de fragmentos de sus gafas rotas el pedazo de vidrio más grande. Se hace con él y emprende el trayecto hasta el frigorífico. Despega la nota y se la acerca a los ojos, usando el trozo de vidrio como una lupa. Frunce el ceño. Lo que lee le resulta muy extraño.*

*Camina hasta el teléfono. Descuelga. Marca un número, despacio, sosteniendo la nota con su otra mano. Espera a que le atiendan al otro lado del hilo.*

PROFESOR

¿Ángel? Hola, hijo.

Sí, estoy mejor. Molido, como si me hubiera pasado un mercancías por encima. Pero mejor. Escucha, quería preguntarte algo. Ramírez tomó nota de lo que le dijiste, pero no acabo de entenderlo. ¿Qué es esto?… Pues… Parece el contacto de un servicio técnico… Sí, como de reparación de ordenadores…

Sí, ya imagino que es de confianza, pero ¿por qué me pasas este número de teléfono? Yo pensaba que el especialista que decías…

No.

No, no sabía que mi escáner no funcionaba. ¿Desde cuándo? Espera, ¿estás diciendo que no puedo escanear nada?

Ya.

*(Aparta el teléfono de su oreja. Queda paralizado unos instantes. Vuelve a poner el oído en el auricular.)*

¿Qué?

Sí. Sí, lo sé, soy un desastre. No entiendo de esas cosas, hijo, ya lo sabes. Soy una antigualla del siglo XX. Por eso dejo que te ocupes tú.

Que sí, te lo prometo. Le llamaré para que venga a echar un ojo.

Una cosa más: ¿Has visto algo en internet? Hoy. Acerca de mí. Quiero decir, ¿se ha publicado alguna noticia sobre mí a lo largo del día de hoy? No sé. Pues en la prensa, en redes sociales… Tú entiendes de eso.

¿No?… ¿Estás seguro?…

¿Nada?…

Está bien. No, es solo que… Bueno, quiero asegurarme de… Ya sabes que soy muy desconfiado, quiero asegurarme de que nadie esté anunciando la publicación de *El cuerpo laxo* antes de que Lombardi…

*El cuerpo laxo*, ajá.

Laxo.

Un ensayo.

No, no te había hablado de él. Mañana lo entrego. Te regalaré un ejemplar.

*(Dirigiendo la mirada al cuerpo de* RAMÍREZ.) Pues… Sobre los cuerpos humanos carentes de tono, desfallecidos… Eh… Si estuvieras aquí lo verías claro. En fin, ya lo leerás. No seas impaciente. Te gustará.

¿Vendrás mañana? ¿Al final no? ¿Por qué?… Ah.

De acuerdo, hablamos la semana que viene. Cuídate.

*Cuelga el teléfono. Corta unas naranjas por la mitad y procede a extraerles el jugo en el exprimidor. Oscurece. Las ráfagas de ruido del exprimidor no cesan hasta que la negrura es total.*

@edantigona

 @edicionesantigona

 @edantigona